This Book Belongs To:

____

____

Fill numbers in the box.

$3 + $ 〇〇〇〇 $=$ ☐

$1 + $ 〇〇〇〇〇〇 $=$ ☐

$4 + $ 〇〇〇 $=$ ☐

$7 + $ 〇〇 $=$ ☐

$2 + $ 〇〇〇〇〇 $=$ ☐

$1 + 6 = \boxed{}$

$3 + 4 = \boxed{}$

$5 + 3 = \boxed{}$

$2 + 3 = \boxed{}$

$6 + 2 = \boxed{}$

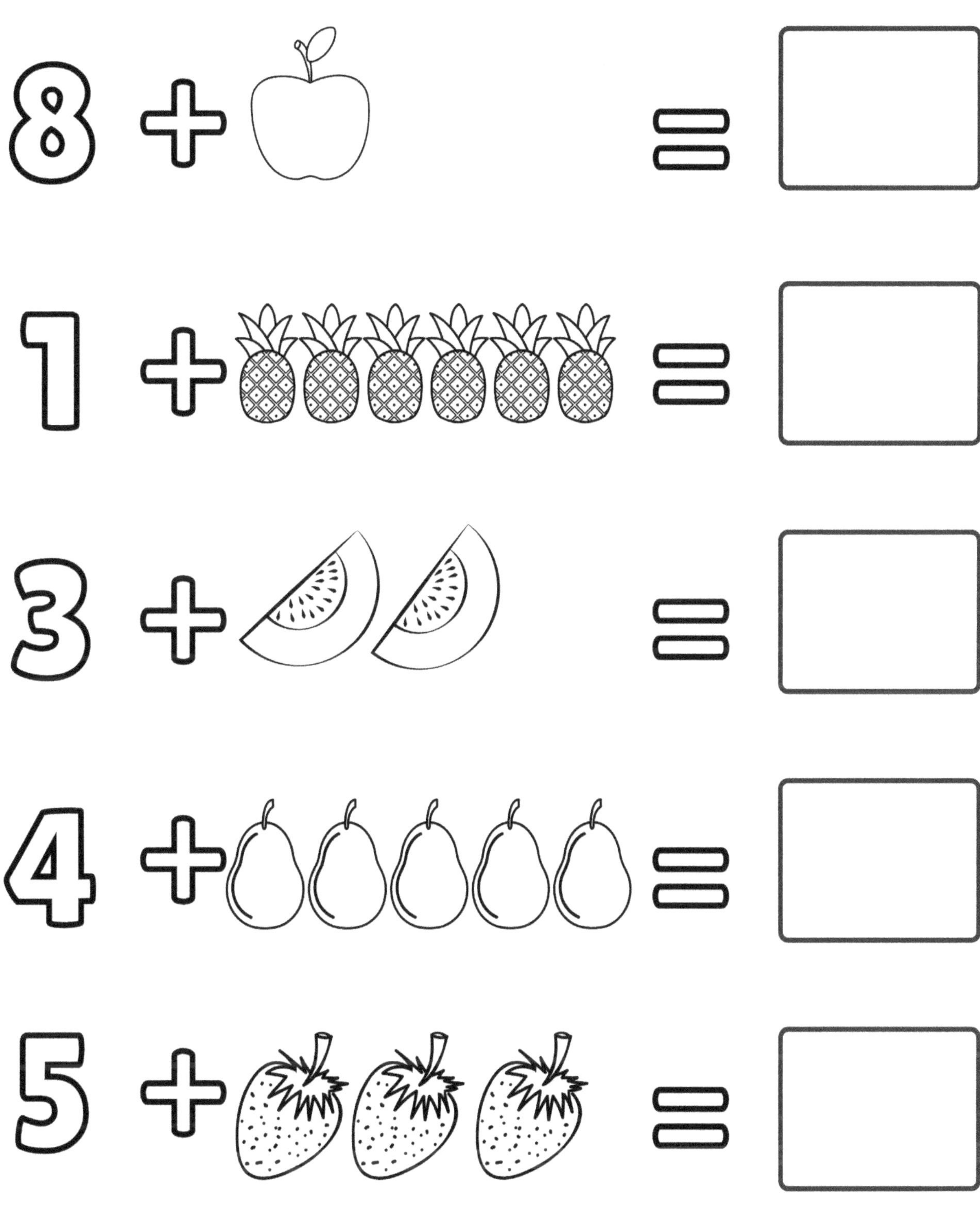

$$8 + \text{🍎} =$$

$$1 + \text{🍍🍍🍍🍍🍍🍍} =$$

$$3 + \text{🍉🍉} =$$

$$4 + \text{🍐🍐🍐🍐🍐} =$$

$$5 + \text{🍓🍓🍓} =$$

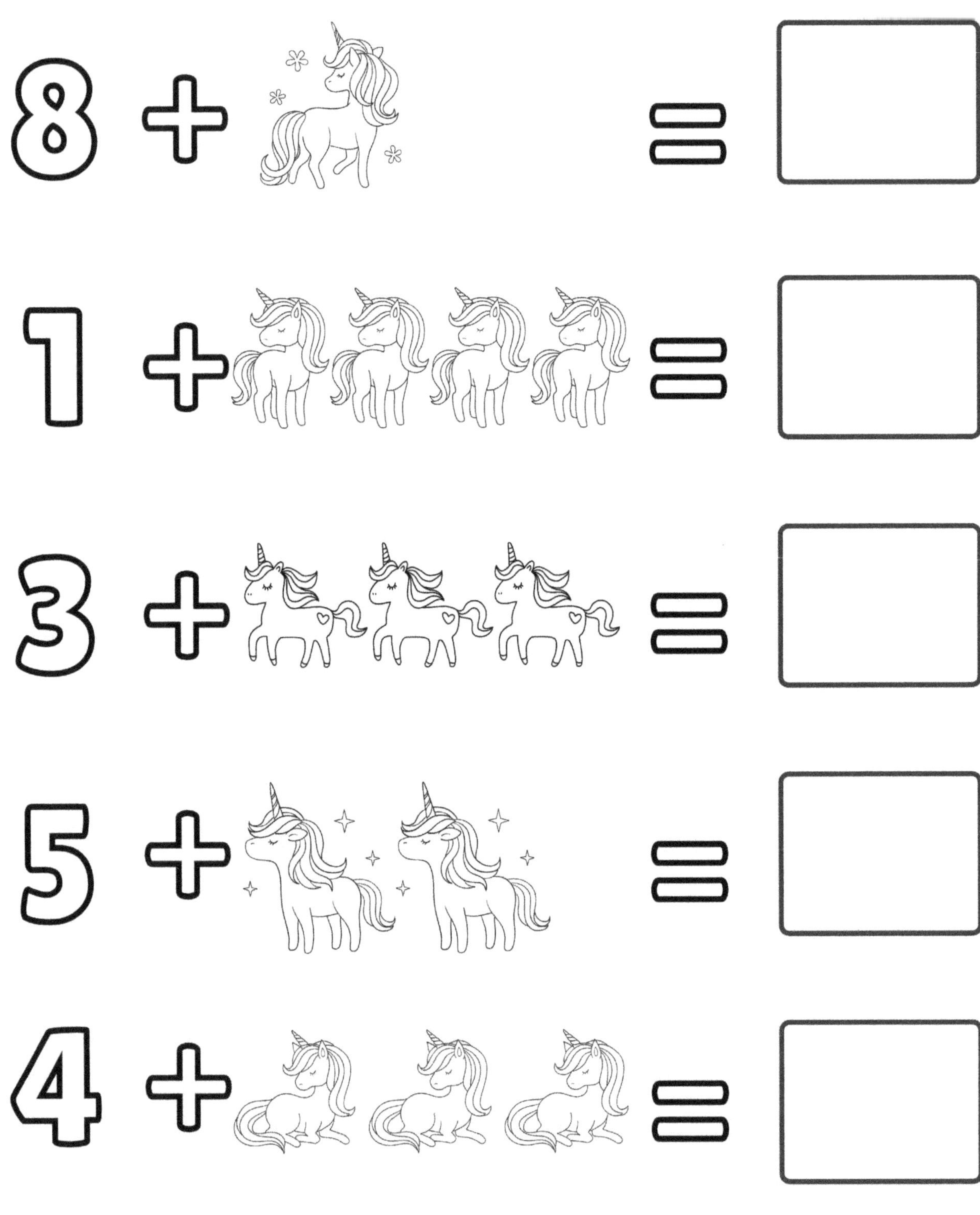

8 + =
1 + =
3 + =
5 + =
4 + =

4 +  =

6 +  =

2 +  =

3 +  =

5 +  =

2 + =
1 + =
6 + =
8 + =
4 + =

$4 + $ 🐘🐘🐘🐘 $ = $ ☐

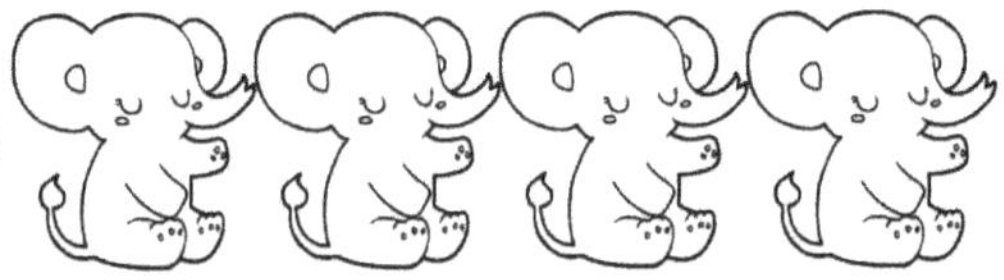

$6 + $ 🦉 $ = $ ☐

$7 + $ 🐦🐦 $ = $ ☐

$2 + $ 🦘🦘🦘 $ = $ ☐

$1 + $ 🦛🦛 $ = $ ☐

Color the most bottles

Write the total amount of items in the bottle on the line under the bottle.

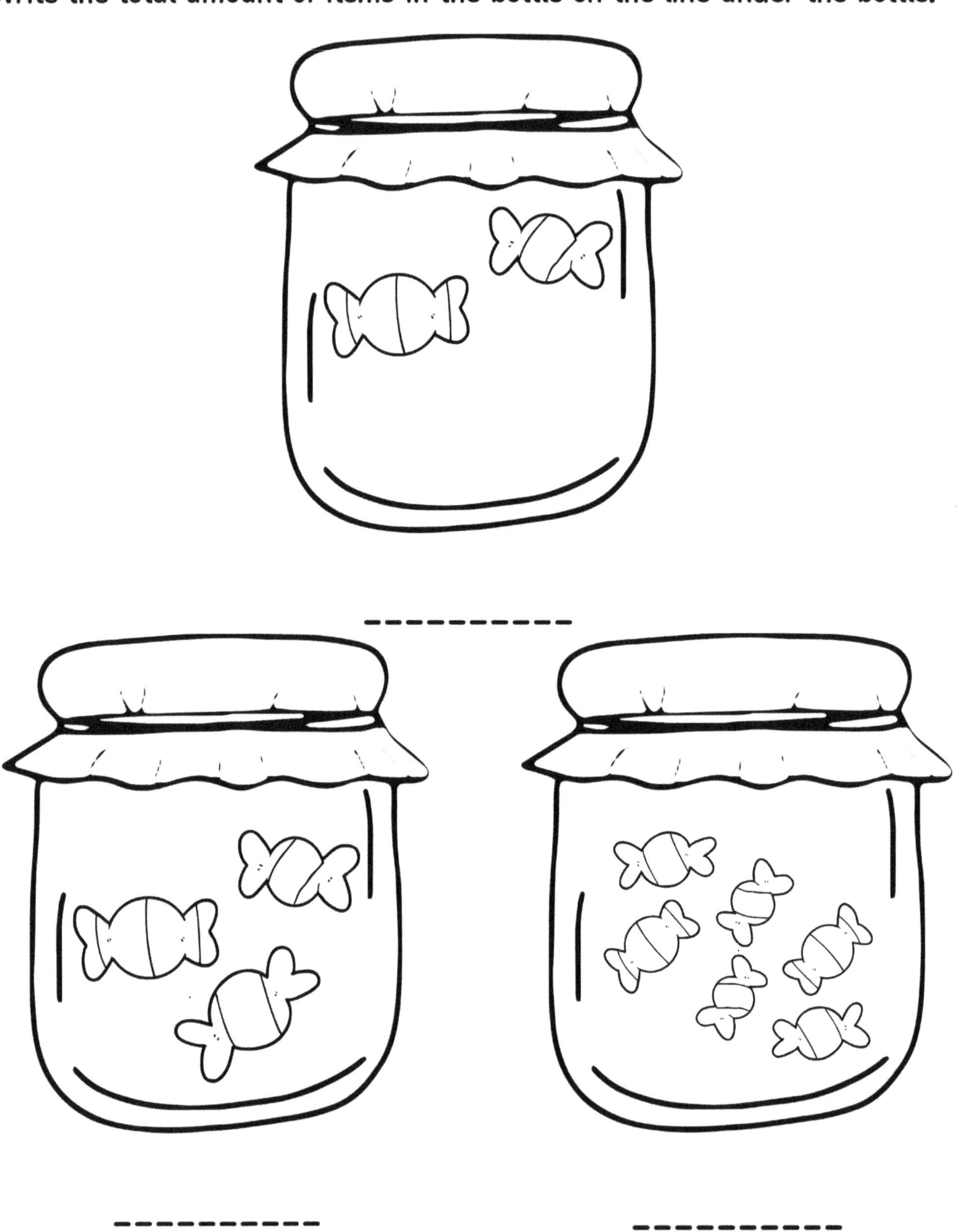

_ _ _ _ _ _ _ _ _ _

_ _ _ _ _ _ _ _ _ _   _ _ _ _ _ _ _ _ _ _

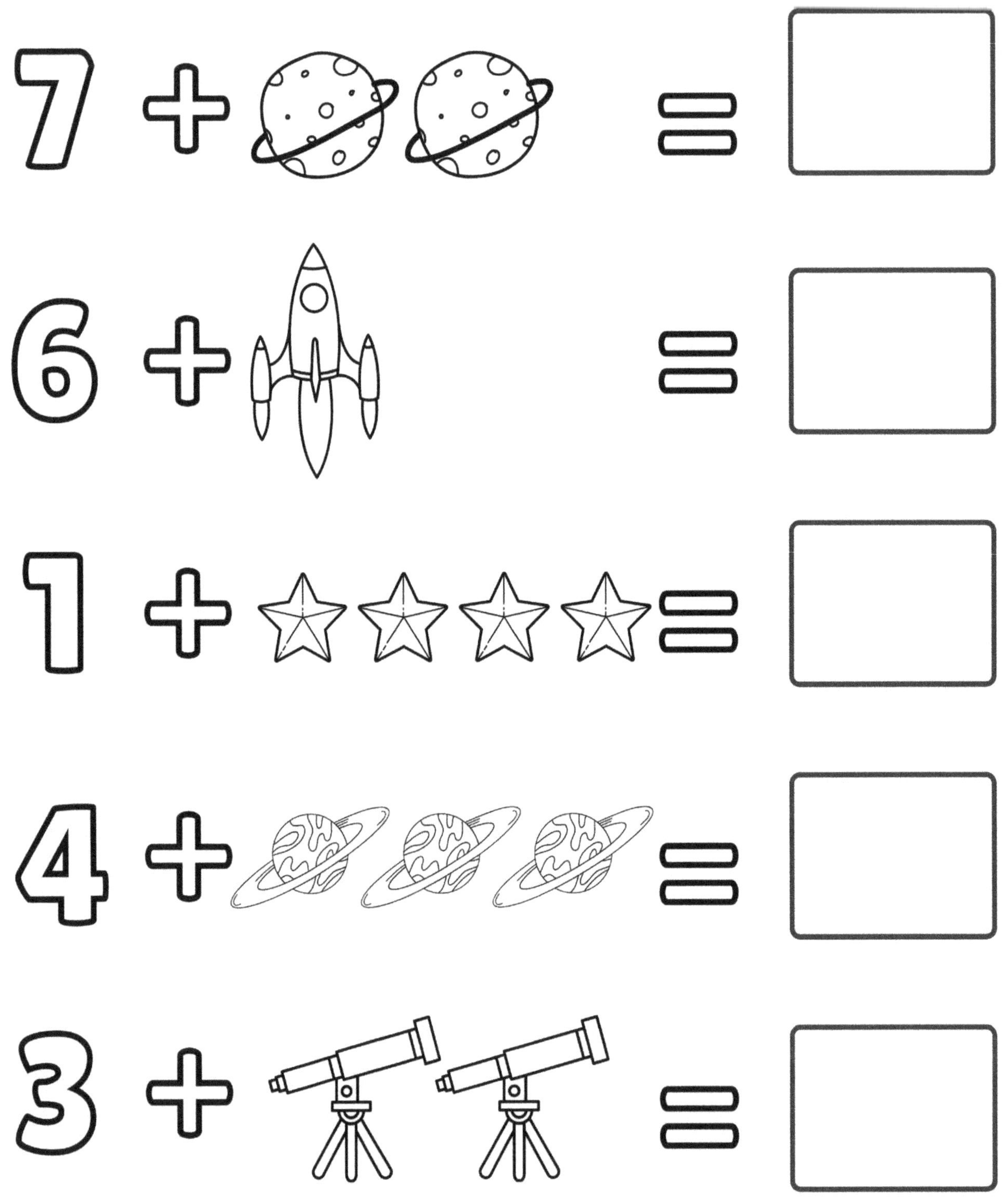

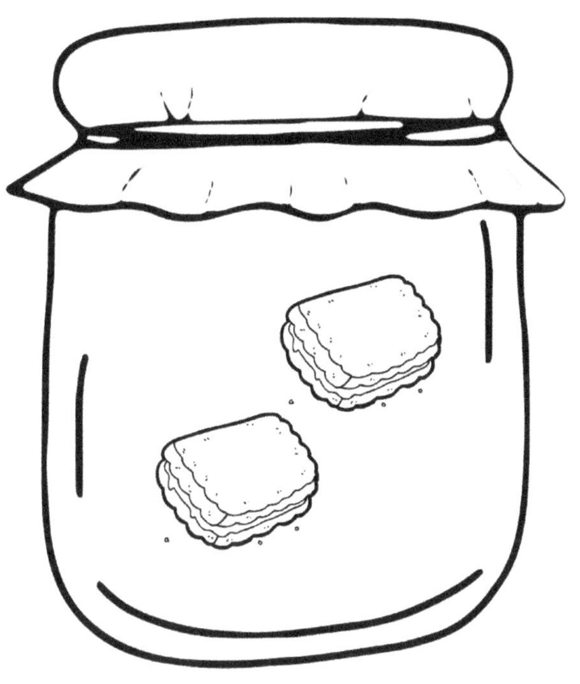

____

____________   ____________

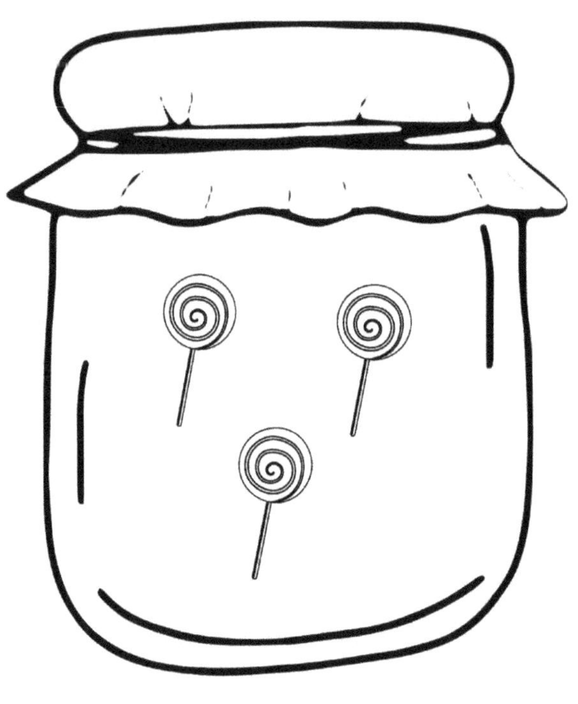

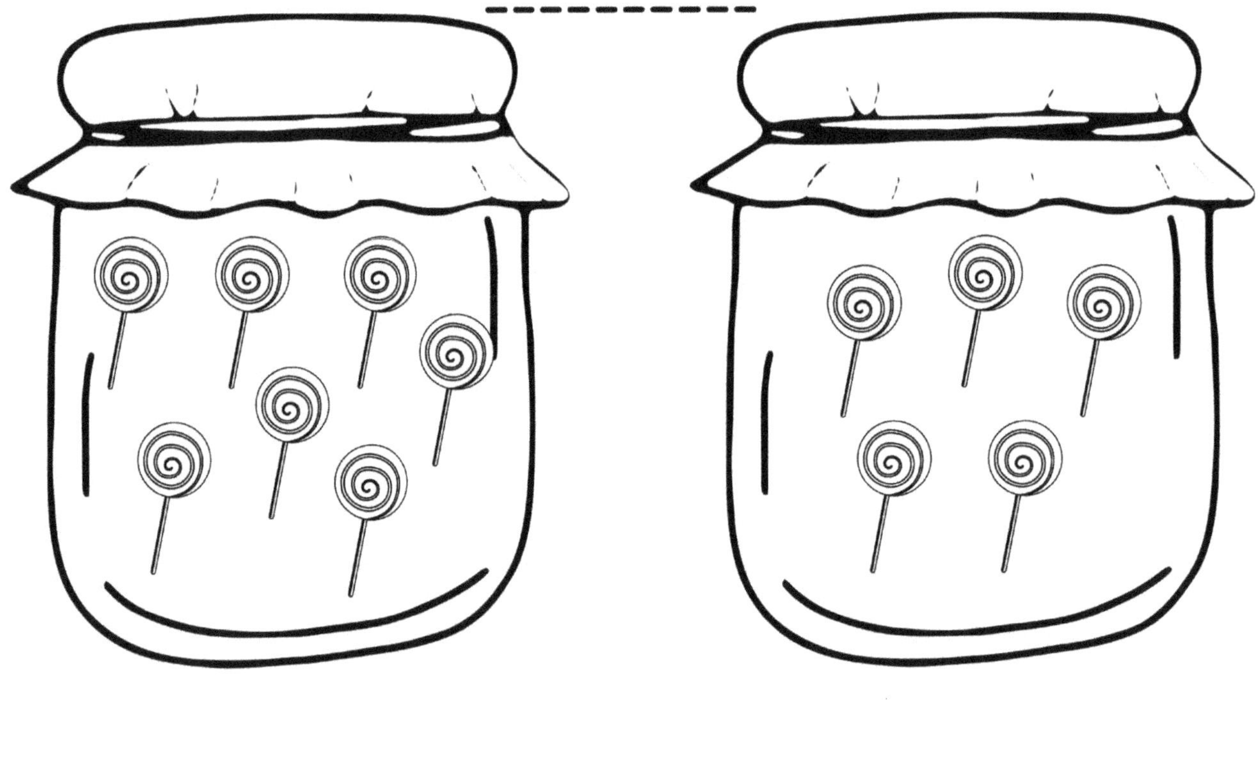

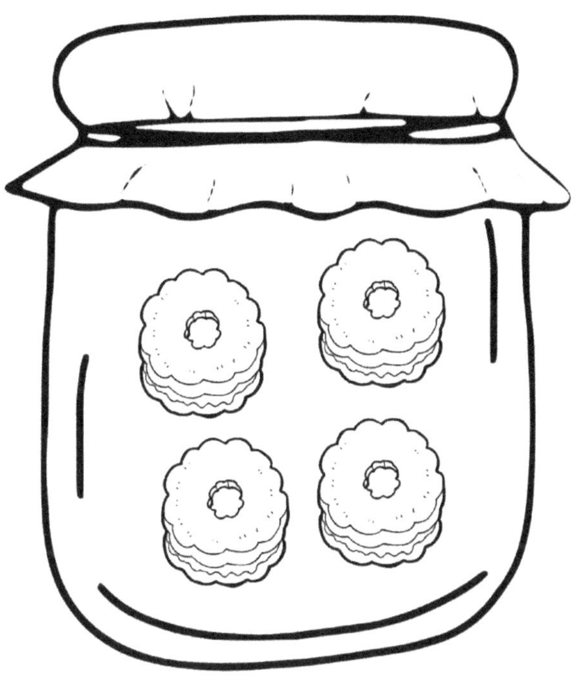

____

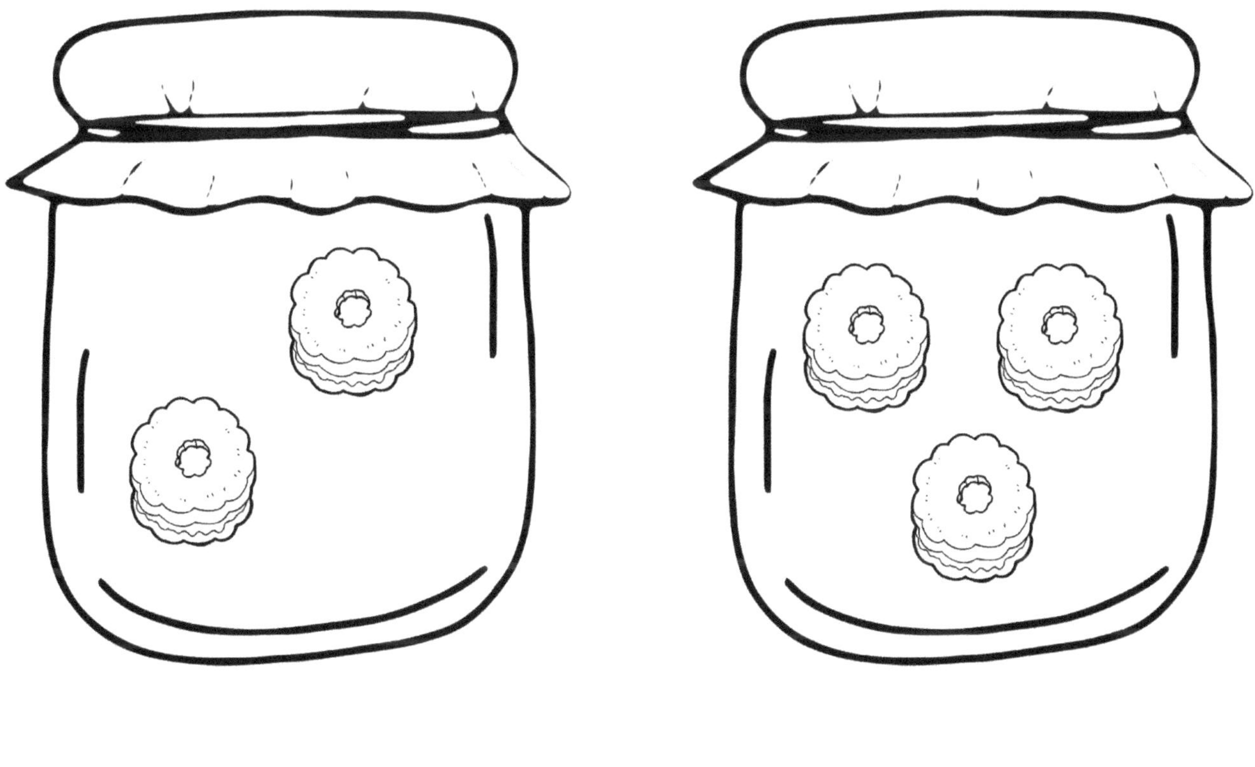

_______________   _______________

----------   ----------

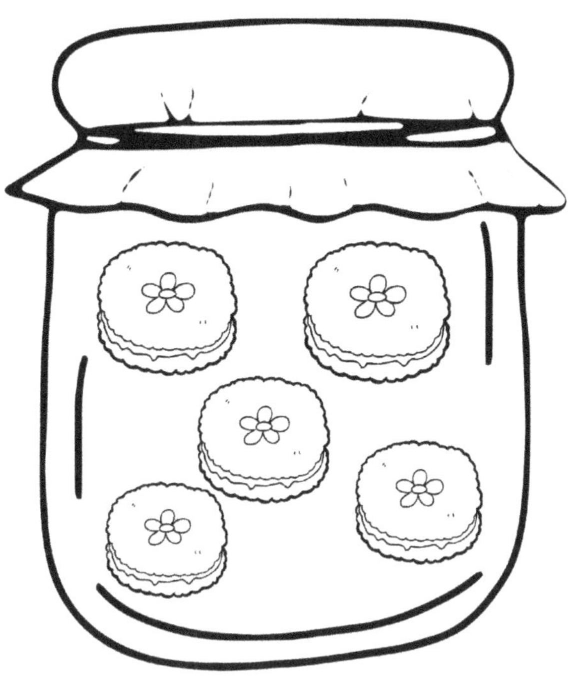

____

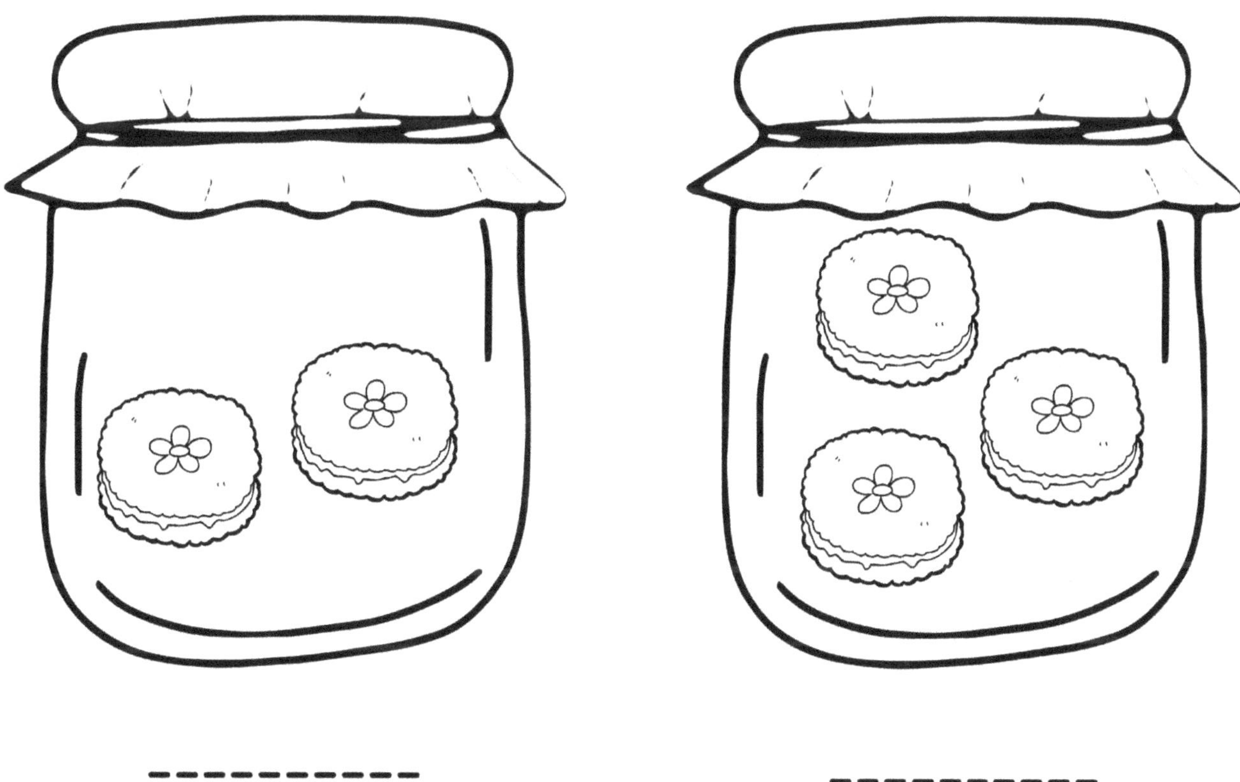

___________   ___________

____

___________   ___________

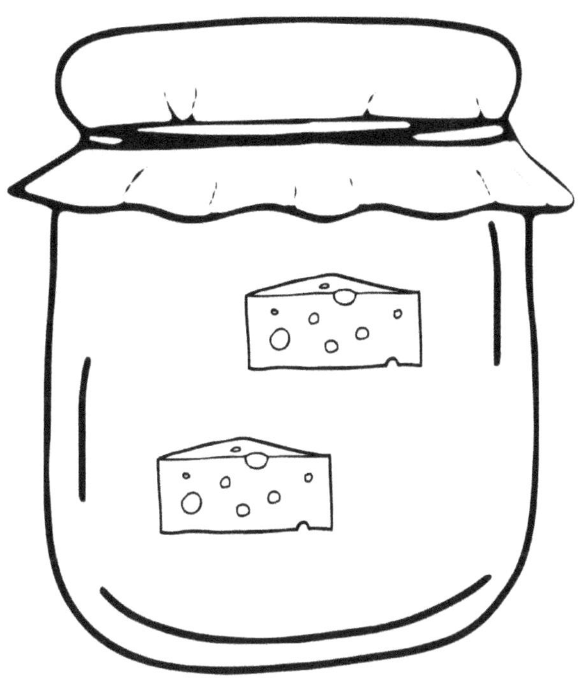

----------   ----------

_ _ _ _ _ _ _ _ _ _

_ _ _ _ _ _ _ _ _ _   _ _ _ _ _ _ _ _ _ _

Color the numbers that match the number of dogs in the picture.

Color the numbers that match the number of cats in the picture.

2   4   5

Color the numbers that match the number of shirts in the picture.

Color the numbers that match the number of fruit in the picture.

3
7
5

Color the numbers that match the number of cakes in the picture.

Color the numbers that match the number of hats in the picture.

Color the numbers that match the number of books in the picture.

4   5   6

Color the numbers that match the number of vegetables in the picture.

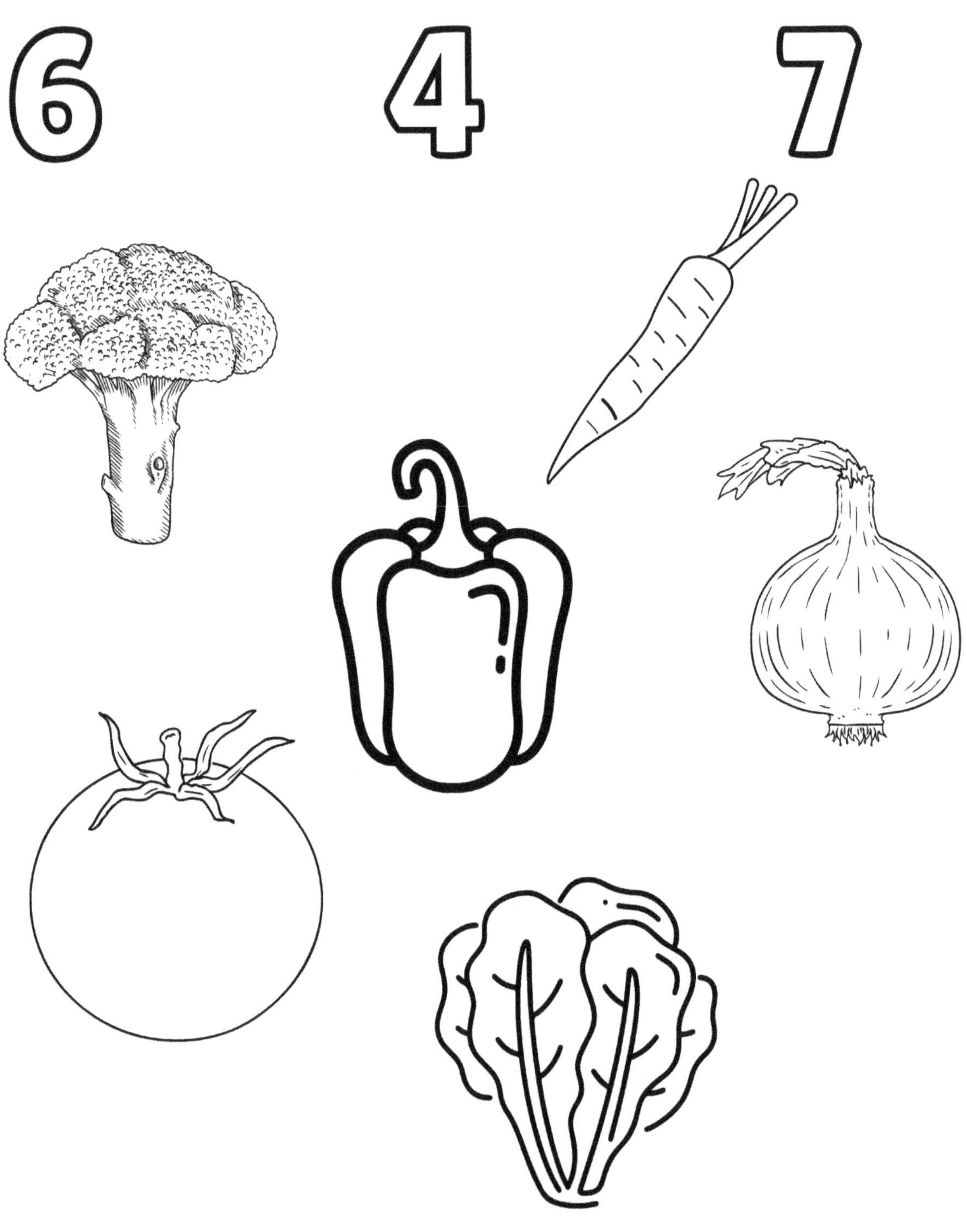

Color the numbers that match the number of unicorns in the picture.

Fill numbers in the box

$$3 - 2$$

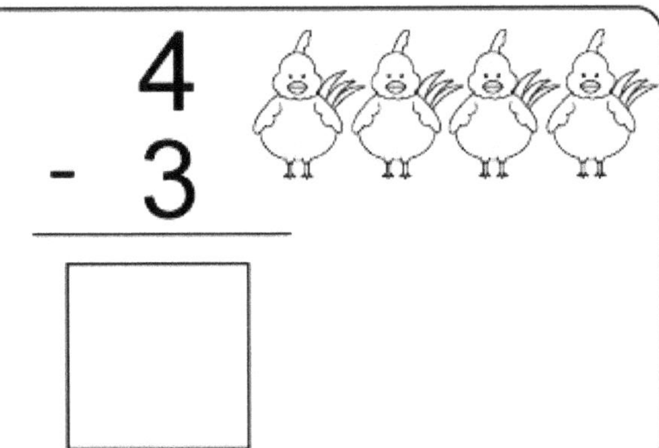

$$4 - 3$$

$$3 - 1$$

$$2 - 1$$

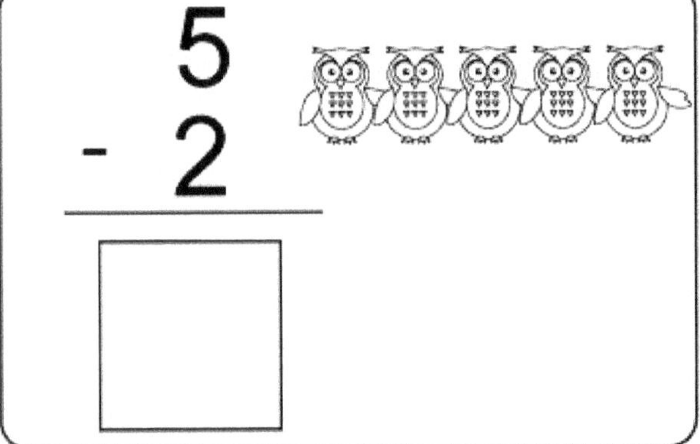

$$5 - 2$$

$$4 - 2$$

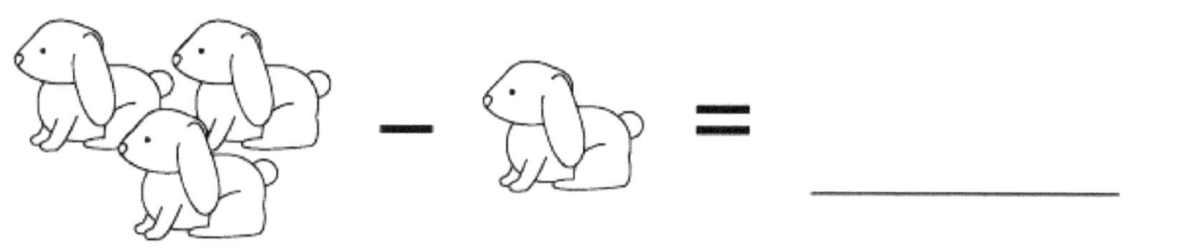

____

____

____

____

____

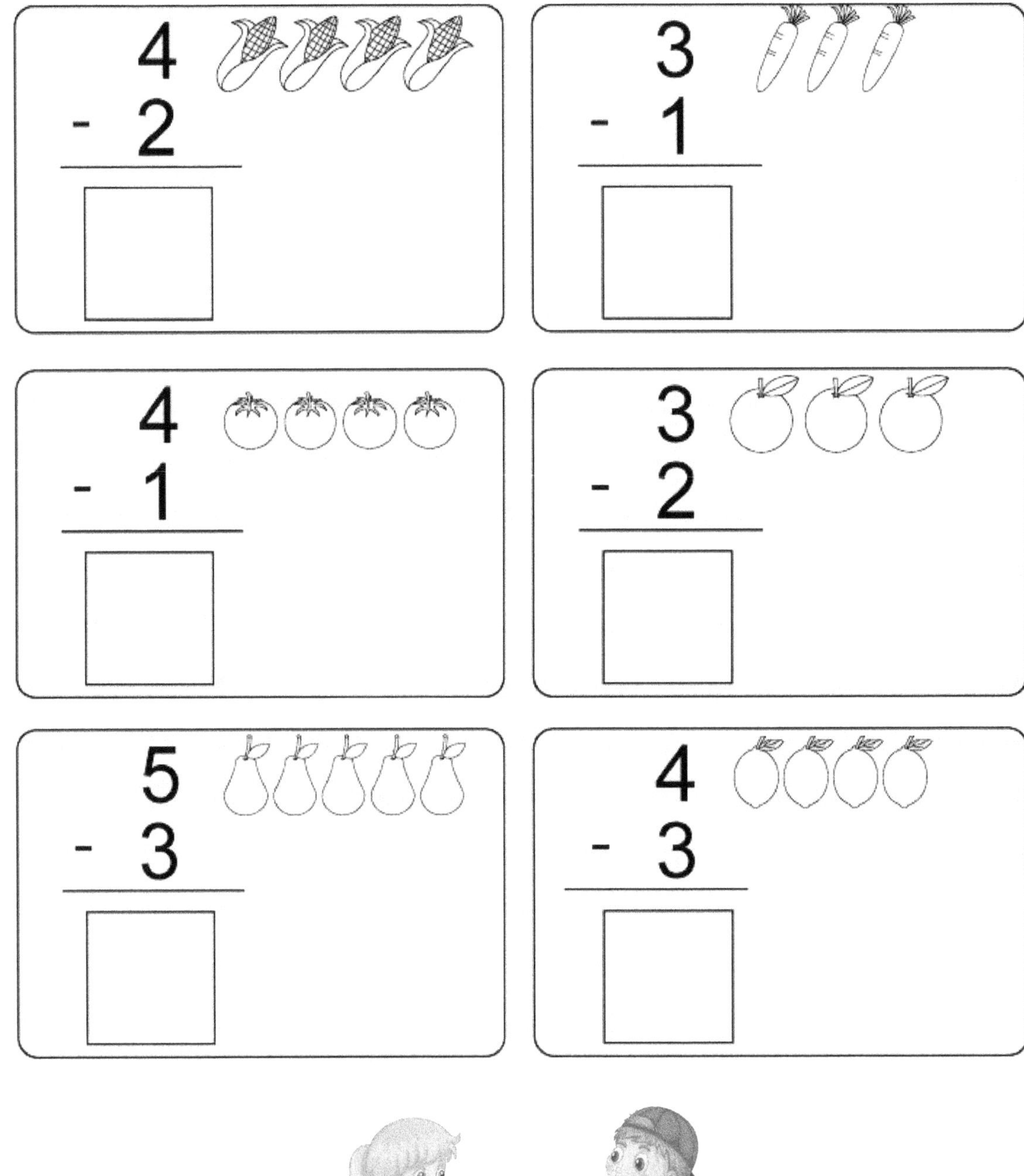

4	3
− 2	− 1

4	3
− 1	− 2

5	4
− 3	− 3

2 − 1	5 − 2	4 − 3
5 − 4	4 − 1	3 − 2

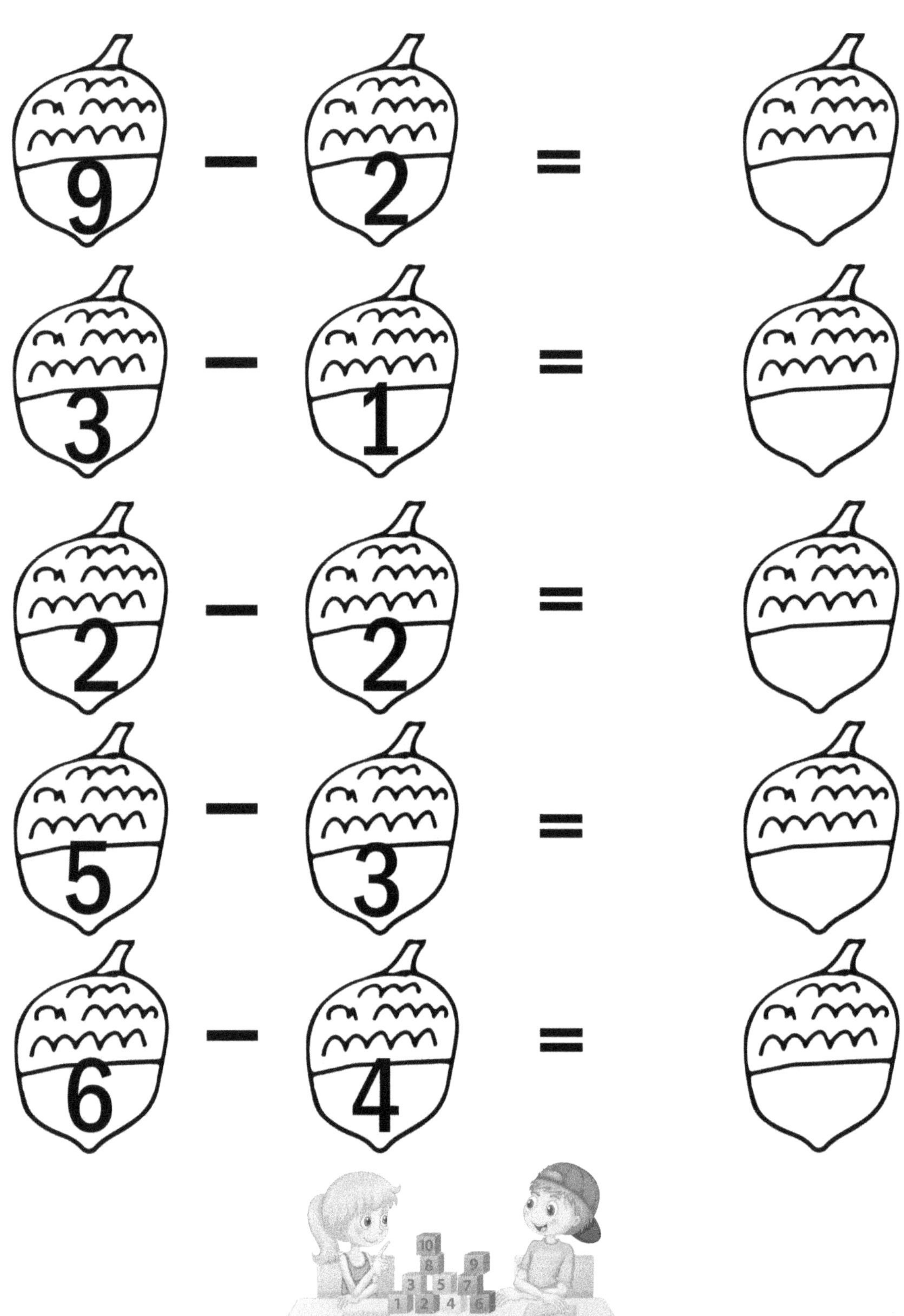

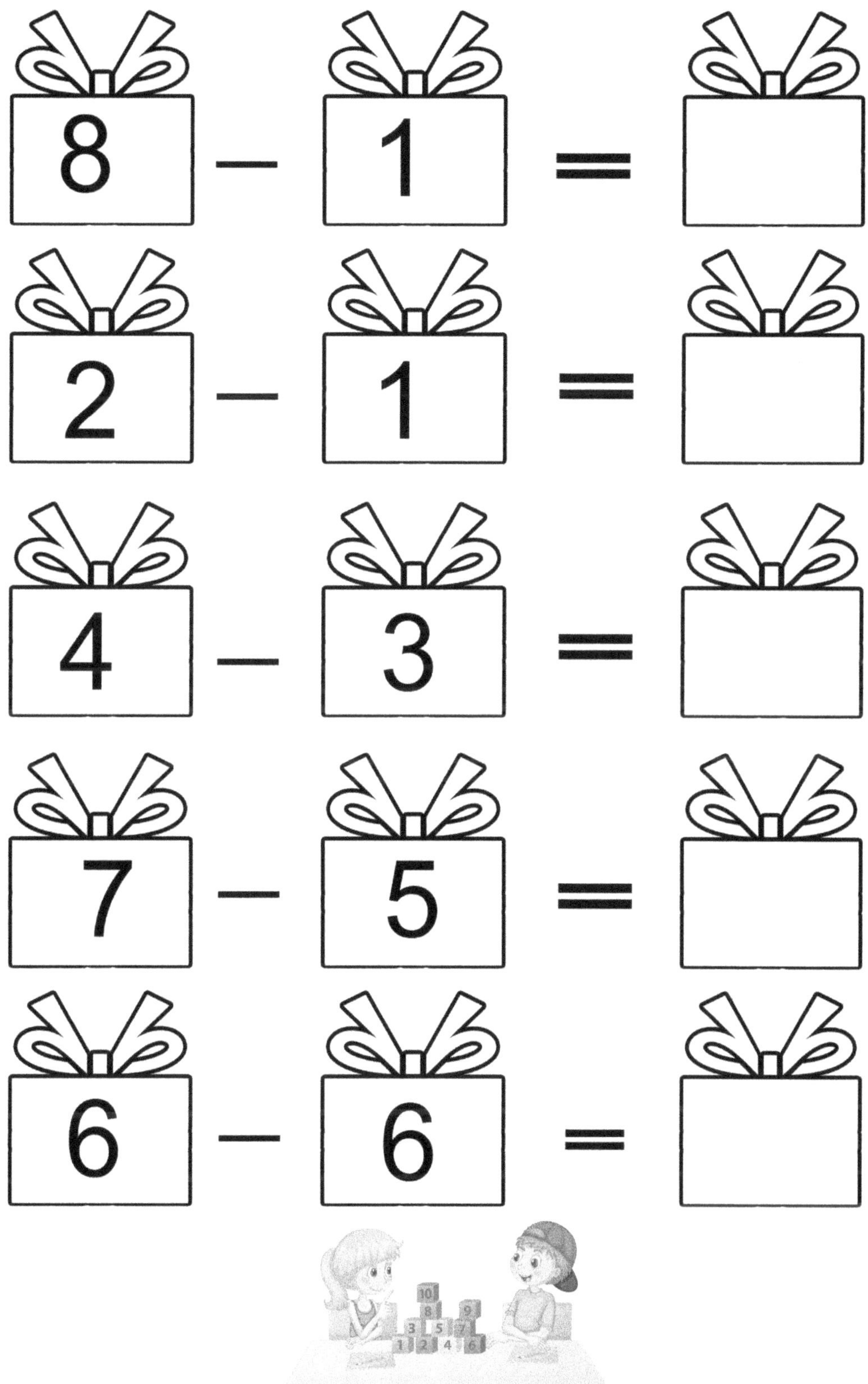

$$8 - 1 = \boxed{}$$

$$2 - 1 = \boxed{}$$

$$4 - 3 = \boxed{}$$

$$7 - 5 = \boxed{}$$

$$6 - 6 = \boxed{}$$

1 - 1 =

4 - 3 =

9 - 8 =

6 - 4 =

7 - 7 =

6 − 2 =
4 − 2 =
8 − 2 =
2 − 2 =
7 − 2 =

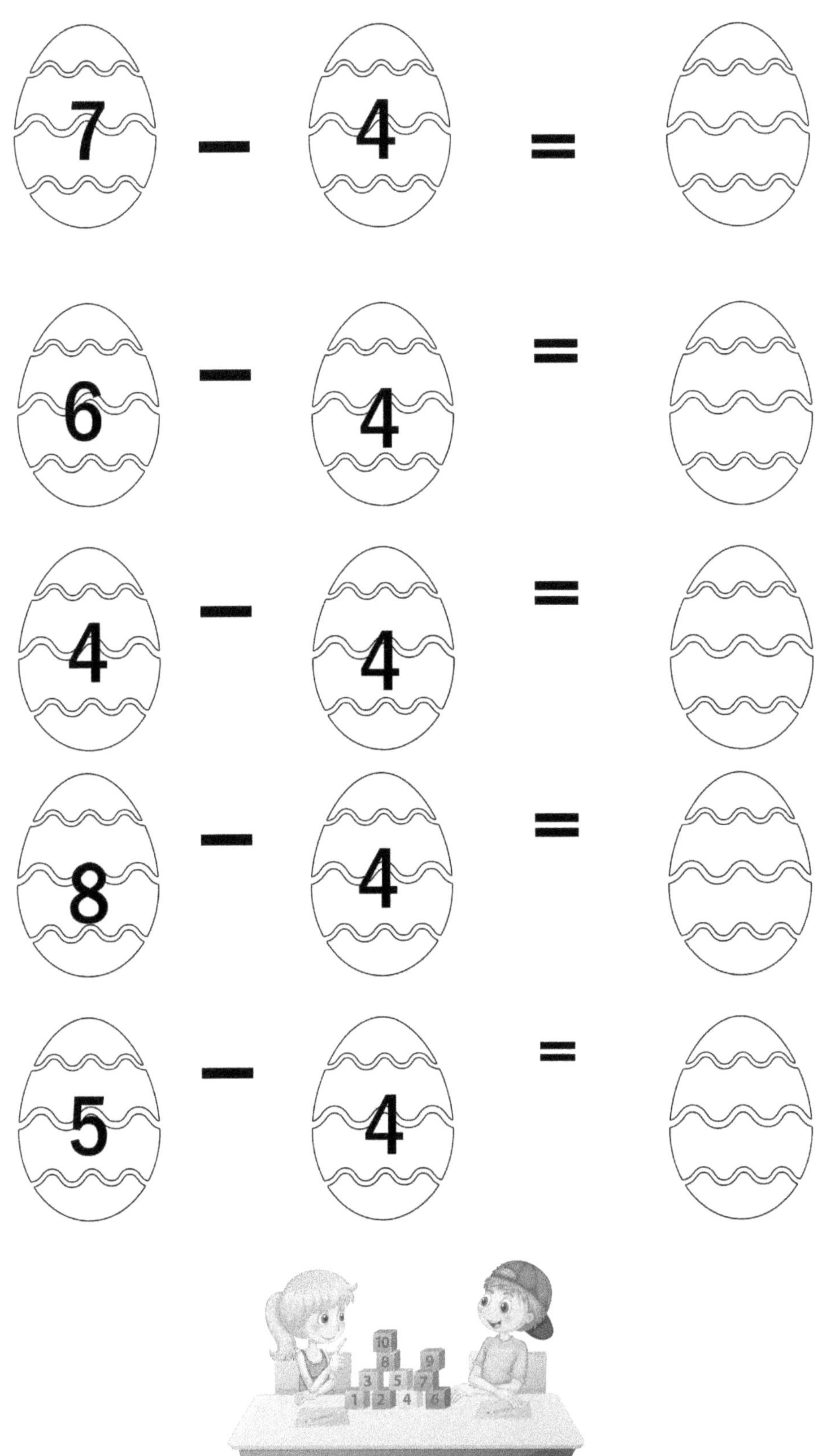

7 − 4 =
6 − 4 =
4 − 4 =
8 − 4 =
5 − 4 =

10 − 8 =

9 − 8 =

8 − 8 =

10 − 9 =

10   10 =

$$9 - 0 = $$

$$7 - 1 = $$

$$8 - 5 = $$

$$6 - 3 = $$

$$4 - 6 = $$

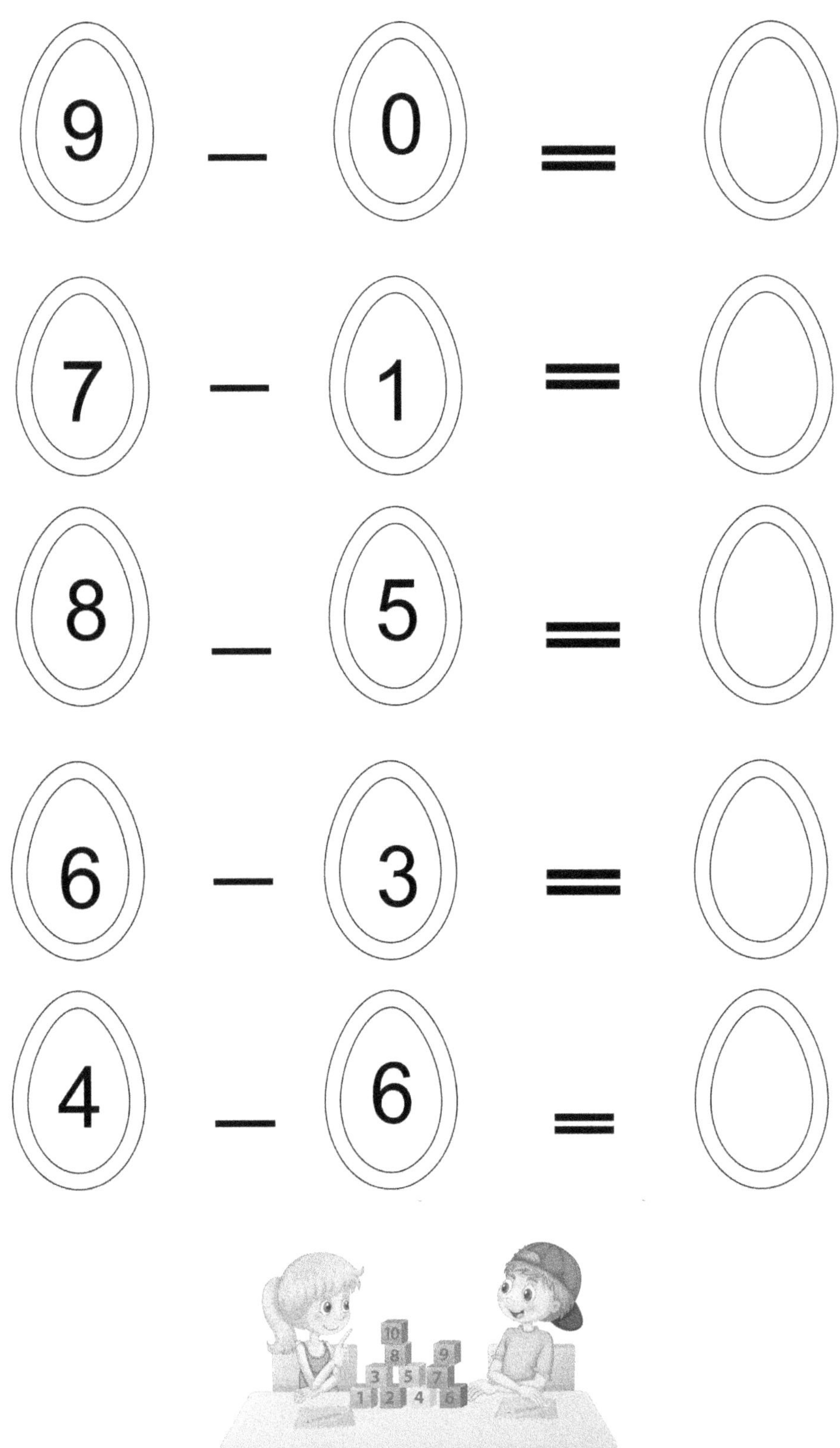

Mixed Problems

1) $4 + 6 =$ _____   2) $1 + 3 =$ _____   3) $10 - 8 =$ _____

4) $8 - 2 =$ _____   5) $3 + 3 =$ _____   6) $8 - 5 =$ _____

7) $8 - 4 =$ _____   8) $1 + 9 =$ _____   9) $0 + 8 =$ _____

10) $3 - 2 =$ _____   11) $5 - 0 =$ _____   12) $5 + 1 =$ _____

13) $6 - 3 =$ _____   14) $1 + 2 =$ _____   15) $4 + 5 =$ _____

16) $9 - 7 =$ _____   17) $8 - 2 =$ _____   18) $1 + 9 =$ _____

19) $8 + 2 =$ _____   20) $4 - 0 =$ _____   21) $2 - 2 =$ _____

22) $9 - 4 =$ _____   23) $5 + 5 =$ _____   24) $7 + 3 =$ _____

25) $8 - 2 =$ _____   26) $3 - 3 =$ _____   27) $3 + 1 =$ _____

28) $4 + 6 =$ _____   29) $10 - 5 =$ _____   30) $2 - 1 =$ _____

1) $2 + 6 =$ _____   2) $7 - 5 =$ _____   3) $9 - 2 =$ _____

4) $2 + 1 =$ _____   5) $1 + 6 =$ _____   6) $9 - 1 =$ _____

7) $8 - 6 =$ _____   8) $10 + 1 =$ _____   9) $7 + 3 =$ _____

10) $10 - 5 =$ _____   11) $6 - 3 =$ _____   12) $6 + 4 =$ _____

13) $1 + 2 =$ _____   14) $1 + 8 =$ _____   15) $5 - 1 =$ _____

16) $3 - 2 =$ _____   17) $5 + 0 =$ _____   18) $2 + 1 =$ _____

19) $8 - 6 =$ _____   20) $9 - 8 =$ _____   21) $9 - 7 =$ _____

22) $9 + 0 =$ _____   23) $7 + 2 =$ _____   24) $7 - 0 =$ _____

25) $6 - 4 =$ _____   26) $10 - 6 =$ _____   27) $4 + 1 =$ _____

28) $1 + 4 =$ _____   29) $0 + 8 =$ _____   30) $4 - 2 =$ _____

1) 2 + 0 = _____   2) 2 + 2 = _____   3) 5 − 2 = _____

4) 6 − 4 = _____   5) 6 − 4 = _____   6) 8 − 6 = _____

7) 6 + 1 = _____   8) 3 + 3 = _____   9) 5 + 3 = _____

10) 2 − 2 = _____   11) 9 − 8 = _____   12) 5 + 5 = _____

13) 7 − 2 = _____   14) 9 − 7 = _____   15) 2 + 8 = _____

16) 0 + 10 = _____ 17) 1 + 6 = _____   18) 9 − 1 = _____

19) 5 + 4 = _____   20) 9 − 7 = _____   21) 7 − 5 = _____

22) 4 + 4 = _____   23) 6 + 2 = _____   24) 7 − 3 = _____

25) 7 + 2 = _____   26) 2 − 2 = _____   27) 1 − 0 = _____

28) 2 + 8 = _____   29) 3 + 5 = _____   30) 10 − 1 = _____

1) $6 - 3 =$ ____ 2) $10 - 4 =$ ____ 3) $5 + 2 =$ ____

4) $0 + 10 =$ ____ 5) $2 + 1 =$ ____ 6) $10 - 2 =$ ____

7) $9 - 6 =$ ____ 8) $6 + 1 =$ ____ 9) $7 - 5 =$ ____

10) $0 + 10 =$ ____ 11) $0 + 10 =$ ____ 12) $4 - 2 =$ ____

13) $7 + 2 =$ ____ 14) $10 - 6 =$ ____ 15) $6 + 4 =$ ____

16) $6 - 2 =$ ____ 17) $6 - 2 =$ ____ 18) $4 + 5 =$ ____

19) $2 + 8 =$ ____ 20) $8 - 2 =$ ____ 21) $2 - 1 =$ ____

22) $0 + 10 =$ ____ 23) $5 + 1 =$ ____ 24) $7 - 2 =$ ____

25) $2 + 3 =$ ____ 26) $9 - 9 =$ ____ 27) $2 - 1 =$ ____

28) $7 + 2 =$ ____ 29) $9 - 9 =$ ____ 30) $1 + 9 =$ ____

1) 10 − 6 = _____   2) 2 + 1 = _____   3) 2 + 7 = _____

4) 9 − 1 = _____   5) 1 + 3 = _____   6) 7 − 6 = _____

7) 10 − 6 = _____   8) 7 + 2 = _____   9) 7 − 6 = _____

10) 2 + 4 = _____   11) 3 + 7 = _____   12) 8 − 8 = _____

13) 1 + 9 = _____   14) 9 − 5 = _____   15) 5 + 5 = _____

16) 6 − 3 = _____   17) 5 − 5 = _____   18) 0 + 10 = _____

19) 2 + 5 = _____   20) 6 − 2 = _____   21) 5 + 1 = _____

22) 10 − 10 = _____   23) 3 + 1 = _____   24) 10 − 7 = _____

25) 9 + 1 = _____   26) 7 − 1 = _____   27) 6 − 5 = _____

28) 0 + 9 = _____   29) 10 − 5 = _____   30) 5 + 4 = _____

MATH

1) $9 - 6 =$ _____   2) $5 + 2 =$ _____   3) $4 - 2 =$ _____

4) $4 + 5 =$ _____   5) $5 + 1 =$ _____   6) $7 - 3 =$ _____

7) $10 - 7 =$ _____   8) $1 + 7 =$ _____   9) $1 + 7 =$ _____

10) $4 - 3 =$ _____   11) $3 - 1 =$ _____   12) $6 + 2 =$ _____

13) $3 + 4 =$ _____   14) $1 + 9 =$ _____   15) $10 - 7 =$ _____

16) $10 - 5 =$ _____   17) $7 - 6 =$ _____   18) $6 + 0 =$ _____

19) $1 + 9 =$ _____   20) $5 - 4 =$ _____   21) $7 - 5 =$ _____

22) $6 + 3 =$ _____   23) $2 + 2 =$ _____   24) $3 - 2 =$ _____

25) $8 - 6 =$ _____   26) $9 + 0 =$ _____   27) $9 - 7 =$ _____

28) $2 + 5 =$ _____   29) $6 + 4 =$ _____   30) $3 - 2 =$ _____

1) 5 − 2 = _____   2) 5 − 3 = _____   3) 0 + 9 = _____

4) 0 + 10 = _____   5) 3 + 5 = _____   6) 3 + 7 = _____

7) 7 − 3 = _____   8) 7 − 6 = _____   9) 7 − 4 = _____

10) 5 − 1 = _____   11) 0 + 3 = _____   12) 6 + 3 = _____

13) 7 − 4 = _____   14) 1 + 9 = _____   15) 5 − 1 = _____

16) 4 + 5 = _____   17) 7 − 3 = _____   18) 2 + 8 = _____

19) 3 + 6 = _____   20) 5 − 5 = _____   21) 10 − 6 = _____

22) 2 + 5 = _____   23) 3 + 7 = _____   24) 7 − 2 = _____

25) 1 − 1 = _____   26) 2 + 7 = _____   27) 9 + 1 = _____

28) 4 − 2 = _____   29) 9 + 1 = _____   30) 5 + 1 = _____

1) $9 - 1 =$ _____   2) $9 + 1 =$ _____   3) $3 + 1 =$ _____

4) $5 - 0 =$ _____   5) $8 - 8 =$ _____   6) $2 + 7 =$ _____

7) $10 - 2 =$ _____   8) $4 + 5 =$ _____   9) $8 - 4 =$ _____

10) $9 - 3 =$ _____   11) $4 + 4 =$ _____   12) $7 + 2 =$ _____

13) $1 + 3 =$ _____   14) $8 + 2 =$ _____   15) $10 - 9 =$ _____

16) $8 - 8 =$ _____   17) $6 - 5 =$ _____   18) $2 + 7 =$ _____

19) $1 + 9 =$ _____   20) $4 - 2 =$ _____   21) $10 - 10 =$ _____

22) $1 + 10 =$ _____   23) $6 + 1 =$ _____   24) $10 - 8 =$ _____

25) $2 - 1 =$ _____   26) $3 + 3 =$ _____   27) $9 - 6 =$ _____

28) $7 + 2 =$ _____   29) $9 - 3 =$ _____   30) $9 + 2 =$ _____

1) 2 + 1 = _____   2) 7 − 3 = _____   3) 1 + 2 = _____

4) 9 − 1 = _____   5) 6 − 1 = _____   6) 2 + 7 = _____

7) 7 − 5 = _____   8) 0 + 10 = _____   9) 10 − 7 = _____

10) 10 + 0 = _____   11) 4 + 5 = _____   12) 4 − 1 = _____

13) 2 + 6 = _____   14) 3 − 1 = _____   15) 10 − 5 = _____

16) 1 + 8 = _____   17) 6 + 5 = _____   18) 6 − 2 = _____

19) 1 + 6 = _____   20) 6 − 5 = _____   21) 1 + 6 = _____

22) 7 − 0 = _____   23) 6 + 1 = _____   24) 7 − 1 = _____

25) 4 + 1 = _____   26) 9 − 5 = _____   27) 8 − 1 = _____

28) 2 + 4 = _____   29) 2 + 3 = _____   30) 6 + 1 = _____

1) 10 − 3 = _____   2) 8 − 4 = _____   3) 8 + 1 = _____

4) 6 + 2 = _____   5) 1 + 9 = _____   6) 8 − 4 = _____

7) 1 + 4 = _____   8) 8 − 3 = _____   9) 8 − 7 = _____

10) 8 + 0 = _____   11) 10 − 10 = _____   12) 3 + 7 = _____

13) 5 + 3 = _____   14) 10 − 9 = _____   15) 4 − 2 = _____

16) 8 + 2 = _____   17) 3 + 2 = _____   18) 7 + 2 = _____

19) 7 − 5 = _____   20) 8 − 5 = _____   21) 3 + 7 = _____

22) 8 − 3 = _____   23) 1 + 8 = _____   24) 4 − 2 = _____

25) 6 + 4 = _____   26) 3 + 1 = _____   27) 6 − 1 = _____

28) 10 − 1 = _____   29) 3 + 3 = _____   30) 7 − 1 = _____

1) 10 − 2 = _____   2) 5 − 2 = _____   3) 5 + 4 = _____

4) 4 + 4 = _____   5) 6 + 2 = _____   6) 9 − 7 = _____

7) 4 − 1 = _____   8) 0 + 10 = _____   9) 8 − 8 = _____

10) 6 + 4 = _____   11) 10 − 5 = _____   12) 1 + 9 = _____

13) 6 + 3 = _____   14) 8 − 2 = _____   15) 8 + 2 = _____

16) 10 − 1 = _____   17) 10 − 4 = _____   18) 7 + 1 = _____

19) 9 + 0 = _____   20) 4 − 3 = _____   21) 4 + 5 = _____

22) 4 − 3 = _____   23) 9 − 8 = _____   24) 0 + 10 = _____

25) 6 + 1 = _____   26) 5 − 0 = _____   27) 5 + 6 = _____

28) 5 − 4 = _____   29) 3 + 4 = _____   30) 10 − 0 = _____

1) 6 − 1 = _____   2) 7 + 3 = _____   3) 1 + 4 = _____

4) 9 − 0 = _____   5) 3 + 2 = _____   6) 4 + 1 = _____

7) 8 − 5 = _____   8) 9 − 8 = _____   9) 2 + 6 = _____

10) 10 + 0 = _____   11) 8 − 3 = _____   12) 5 − 3 = _____

13) 6 − 2 = _____   14) 8 − 1 = _____   15) 5 + 3 = _____

16) 7 + 1 = _____   17) 4 − 3 = _____   18) 4 + 2 = _____

19) 1 + 9 = _____   20) 4 − 2 = _____   21) 9 − 7 = _____

22) 5 + 5 = _____   23) 3 + 2 = _____   24) 7 − 4 = _____

25) 9 − 3 = _____   26) 6 + 0 = _____   27) 2 + 5 = _____

28) 10 − 4 = _____   29) 0 + 5 = _____   30) 8 − 4 = _____

1) 4 − 3 = _____   2) 7 + 2 = _____   3) 4 + 1 = _____

4) 3 − 2 = _____   5) 8 − 6 = _____   6) 1 + 8 = _____

7) 3 + 6 = _____   8) 9 − 6 = _____   9) 5 + 2 = _____

10) 9 − 1 = _____   11) 8 − 3 = _____   12) 2 + 7 = _____

13) 4 + 4 = _____   14) 4 − 3 = _____   15) 4 − 2 = _____

16) 10 + 1 = _____   17) 2 − 0 = _____   18) 9 + 1 = _____

19) 10 − 9 = _____   20) 7 + 3 = _____   21) 1 + 9 = _____

22) 8 + 0 = _____   23) 6 − 6 = _____   24) 8 − 3 = _____

25) 3 − 0 = _____   26) 10 + 1 = _____   27) 3 + 6 = _____

28) 6 − 4 = _____   29) 1 + 7 = _____   30) 5 + 1 = _____

1) 5 − 3 = _____   2) 3 + 7 = _____   3) 10 + 0 = _____

4) 2 − 0 = _____   5) 7 − 6 = _____   6) 1 + 3 = _____

7) 7 − 5 = _____   8) 3 + 2 = _____   9) 2 + 8 = _____

10) 5 + 2 = _____   11) 6 − 5 = _____   12) 7 − 2 = _____

13) 1 + 8 = _____   14) 7 + 1 = _____   15) 9 − 6 = _____

16) 7 − 5 = _____   17) 1 + 8 = _____   18) 4 − 4 = _____

19) 4 − 2 = _____   20) 2 + 5 = _____   21) 7 + 3 = _____

22) 6 − 4 = _____   23) 9 − 8 = _____   24) 4 + 4 = _____

25) 4 − 2 = _____   26) 2 + 3 = _____   27) 1 + 8 = _____

28) 7 − 6 = _____   29) 3 + 6 = _____   30) 7 + 1 = _____

1) 10 − 9 = _____   2) 4 − 1 = _____   3) 2 + 4 = _____

4) 0 + 10 = _____   5) 9 − 5 = _____   6) 7 − 2 = _____

7) 4 + 5 = _____   8) 8 + 2 = _____   9) 4 − 3 = _____

10) 5 − 2 = _____   11) 4 + 2 = _____   12) 6 + 1 = _____

13) 6 + 3 = _____   14) 10 − 5 = _____   15) 0 + 10 = _____

16) 7 − 0 = _____   17) 5 + 5 = _____   18) 1 − 1 = _____

19) 3 − 2 = _____   20) 6 + 4 = _____   21) 8 + 2 = _____

22) 6 − 1 = _____   23) 6 − 6 = _____   24) 10 + 1 = _____

25) 4 − 3 = _____   26) 2 + 8 = _____   27) 9 − 0 = _____

28) 6 + 1 = _____   29) 1 + 9 = _____   30) 7 − 6 = _____

1) 3 + 1 = _____   2) 6 − 6 = _____   3) 2 + 6 = _____

4) 7 − 6 = _____   5) 9 − 8 = _____   6) 4 + 4 = _____

7) 10 − 7 = _____   8) 1 + 1 = _____   9) 8 + 2 = _____

10) 0 + 8 = _____   11) 10 − 8 = _____   12) 9 − 5 = _____

13) 10 − 0 = _____   14) 10 + 0 = _____   15) 9 − 4 = _____

16) 2 + 7 = _____   17) 0 + 8 = _____   18) 3 − 2 = _____

19) 6 + 1 = _____   20) 10 − 1 = _____   21) 2 + 8 = _____

22) 8 + 0 = _____   23) 9 − 4 = _____   24) 6 − 6 = _____

25) 3 + 2 = _____   26) 2 + 1 = _____   27) 9 − 2 = _____

28) 8 − 2 = _____   29) 8 − 3 = _____   30) 2 + 7 = _____

1) _____ + 4 = 10

2) _____ − 2 = 4

3) _____ + 7 = 8

4) 7 − _____ = 4

5) 9 − _____ = 1

6) 5 + _____ = 9

7) _____ + 10 = 10

8) _____ − 1 = 1

9) _____ − 4 = 6

10) _____ − 7 = 1

11) 7 + _____ = 10

12) 3 + _____ = 9

13) 4 − _____ = 0

14) _____ + 7 = 9

15) 8 − _____ = 6

16) _____ + 2 = 3

17) _____ − 4 = 2

18) _____ − 2 = 4

19) 6 + _____ = 9

20) 6 + _____ = 8

21) 7 − _____ = 7

22) 2 + _____ = 6

23) _____ + 1 = 3

24) _____ − 9 = 1

25) _____ − 1 = 9

26) 6 − 1 = _____

27) 3 + 4 = _____

28) 5 + _____ = 7

29) _____ − 6 = 3

30) _____ − 2 = 4

MATH

1) 8 − ____ = 0

2) 3 + 6 = ____

3) ____ + 0 = 8

4) 7 − ____ = 6

5) ____ + 1 = 10

6) ____ − 6 = 1

7) ____ − 2 = 1

8) 0 + ____ = 1

9) 5 − 3 = ____

10) 8 − 7 = ____

11) ____ + 7 = 9

12) ____ + 3 = 6

13) ____ + 1 = 9

14) ____ − 6 = 3

15) 8 + ____ = 9

16) 8 − 7 = ____

17) 9 − ____ = 0

18) 5 + 2 = ____

19) 9 − ____ = 4

20) ____ + 9 = 10

21) 4 + ____ = 5

22) 6 − 3 = ____

23) ____ + 10 = 10

24) 8 − ____ = 2

25) ____ − 3 = 6

26) ____ + 5 = 8

27) ____ − 1 = 4

28) 6 + ____ = 10

29) 2 + 5 = ____

30) ____ − 3 = 3

1) $4 +$ _____ $= 7$

2) $3 - 1 =$ _____

3) _____ $+ 1 = 5$

4) _____ $- 1 = 7$

5) $8 -$ _____ $= 4$

6) _____ $+ 7 = 10$

7) $2 +$ _____ $= 10$

8) $6 -$ _____ $= 5$

9) _____ $+ 2 = 9$

10) _____ $- 3 = 7$

11) _____ $+ 1 = 9$

12) _____ $- 1 = 9$

13) _____ $+ 3 = 4$

14) $3 -$ _____ $= 1$

15) $5 -$ _____ $= 0$

16) _____ $+ 6 = 8$

17) $5 +$ _____ $= 6$

18) _____ $- 2 = 5$

19) $7 +$ _____ $= 8$

20) $5 - 1 =$ _____

21) _____ $+ 6 = 8$

22) $1 +$ _____ $= 7$

23) _____ $- 2 = 5$

24) $9 -$ _____ $= 2$

25) $5 -$ _____ $= 3$

26) $7 + 3 =$ _____

27) $4 -$ _____ $= 1$

28) _____ $+ 8 = 10$

29) _____ $+ 7 = 9$

30) $9 -$ _____ $= 9$

MATH

1) _____ − 2 = 6   2) 3 + 1 = _____   3) _____ − 2 = 8

4) _____ + 4 = 6   5) 9 − _____ = 5   6) 4 + _____ = 6

7) _____ + 10 = 10   8) _____ − 6 = 0   9) 0 + _____ = 10

10) 3 − _____ = 0   11) _____ − 4 = 0   12) _____ + 4 = 10

13) _____ − 2 = 5   14) 9 − 5 = _____   15) 1 + _____ = 5

16) _____ + 8 = 10   17) 0 + 10 = _____   18) _____ − 7 = 1

19) _____ − 0 = 1   20) 8 + 2 = _____   21) 7 − 2 = _____

22) _____ + 1 = 8   23) _____ + 2 = 7   24) 6 − 2 = _____

25) _____ + 1 = 8   26) 0 + 10 = _____   27) 7 − 6 = _____

28) 9 − _____ = 7   29) 7 − _____ = 5   30) _____ + 0 = 7

1) 10 − 7 = _____   2) _____ + 2 = 10   3) 7 + _____ = 8

4) _____ − 7 = 2   5) _____ + 2 = 11   6) 6 − _____ = 2

7) _____ + 3 = 7   8) 9 − _____ = 4   9) 6 − _____ = 5

10) 4 + _____ = 8   11) _____ − 3 = 4   12) 3 + 5 = _____

13) _____ − 6 = 0   14) 1 + _____ = 6   15) 4 − 4 = _____

16) 10 + _____ = 11   17) _____ + 0 = 6   18) _____ + 8 = 8

19) 7 − _____ = 4   20) 5 − 1 = _____   21) 2 + _____ = 8

22) _____ − 4 = 3   23) _____ + 2 = 6   24) 8 − 7 = _____

25) 8 + 2 = _____   26) _____ − 1 = 0   27) _____ − 3 = 5

28) 4 + _____ = 6   29) 2 + _____ = 9   30) 4 + _____ = 5

1) ____ − 6 = 4

2) ____ − 3 = 3

3) ____ + 1 = 9

4) 7 + ____ = 9

5) 5 + ____ = 6

6) ____ − 3 = 4

7) 2 + ____ = 8

8) 3 − 2 = ____

9) 6 − ____ = 4

10) 10 − ____ = 9

11) ____ + 0 = 10

12) 7 + ____ = 9

13) ____ − 5 = 2

14) 10 − 6 = ____

15) ____ + 1 = 9

16) 1 + 9 = ____

17) ____ + 8 = 9

18) 2 − ____ = 1

19) ____ + 2 = 5

20) 9 − ____ = 4

21) 1 + 9 = ____

22) 7 − ____ = 4

23) 10 − ____ = 4

24) ____ + 4 = 7

25) 6 − ____ = 2

26) 10 − 8 = ____

27) ____ + 0 = 10

28) 3 + ____ = 8

29) ____ + 4 = 7

30) ____ + 2 = 4

1) ____ − 8 = 1

2) 7 − ____ = 5

3) ____ + 7 = 10

4) 9 + ____ = 10

5) ____ − 3 = 6

6) ____ + 10 = 10

7) ____ + 7 = 9

8) ____ − 2 = 1

9) 1 + 9 = ____

10) 10 − 2 = ____

11) ____ − 3 = 4

12) ____ + 10 = 10

13) 10 − ____ = 1

14) ____ + 4 = 10

15) ____ − 8 = 1

16) 6 + 4 = ____

17) ____ − 4 = 3

18) 2 + ____ = 10

19) ____ − 8 = 0

20) 0 + ____ = 6

21) 5 − ____ = 2

22) ____ − 6 = 3

23) ____ + 0 = 10

24) 0 + ____ = 9

25) ____ + 1 = 7

26) ____ − 3 = 3

27) ____ − 5 = 3

28) 0 + ____ = 3

29) 7 + ____ = 10

30) 7 − 2 = ____

1) 10 − _____ = 10

2) 9 − _____ = 6

3) _____ + 3 = 10

4) _____ + 4 = 9

5) 6 + 3 = _____

6) _____ + 3 = 10

7) _____ − 2 = 4

8) 8 − _____ = 2

9) 1 + _____ = 4

10) 3 − _____ = 1

11) 2 + _____ = 6

12) _____ − 2 = 4

13) _____ + 6 = 8

14) _____ − 8 = 2

15) 6 − 4 = _____

16) _____ + 5 = 9

17) _____ + 0 = 9

18) 3 + _____ = 8

19) 3 − _____ = 2

20) _____ − 9 = 0

21) 8 + 1 = _____

22) 5 − _____ = 2

23) _____ + 4 = 8

24) 8 − 7 = _____

25) _____ − 1 = 4

26) 7 − _____ = 0

27) _____ + 1 = 7

28) 3 + _____ = 9

29) 0 + _____ = 6

30) 9 − 2 = _____

1) _____ − 7 = 0   2) _____ + 2 = 5   3) 7 + 1 = _____

4) 6 − _____ = 1   5) _____ + 4 = 8   6) _____ + 1 = 9

7) _____ − 1 = 7   8) 10 − _____ = 5   9) 10 − _____ = 8

10) 4 + _____ = 10   11) 3 − 3 = _____   12) 4 + _____ = 4

13) 7 − _____ = 4   14) 6 + 1 = _____   15) 7 − _____ = 6

16) _____ + 4 = 7   17) 10 − 5 = _____   18) 4 + _____ = 10

19) 7 − _____ = 4   20) 3 + _____ = 7   21) 9 + _____ = 10

22) 8 + _____ = 9   23) 3 − 2 = _____   24) 6 − 5 = _____

25) 4 + _____ = 9   26) 5 − 1 = _____   27) 7 + 1 = _____

28) _____ − 9 = 1   29) _____ − 2 = 7   30) 4 − _____ = 0

MATH

1) 9 + 0 = _____

2) 10 − _____ = 8

3) 7 − _____ = 3

4) 1 + _____ = 9

5) 6 − _____ = 0

6) _____ + 2 = 8

7) 6 − _____ = 2

8) _____ + 7 = 10

9) 3 + _____ = 8

10) 9 − _____ = 8

11) _____ + 0 = 9

12) 7 − _____ = 2

13) 8 + 2 = _____

14) 9 − _____ = 0

15) _____ − 1 = 2

16) 4 + 3 = _____

17) _____ + 9 = 10

18) 3 + 4 = _____

19) 9 − _____ = 3

20) 5 − 4 = _____

21) 2 + 3 = _____

22) 6 + _____ = 9

23) 2 − _____ = 0

24) _____ − 5 = 5

25) _____ + 9 = 10

26) _____ − 3 = 3

27) 3 + _____ = 6

28) _____ − 4 = 2

29) 5 − _____ = 2

30) _____ − 5 = 5

1) 9 − _____ = 5

2) _____ + 2 = 6

3) _____ + 2 = 7

4) _____ − 2 = 5

5) 3 + _____ = 10

6) 6 − _____ = 5

7) 5 − _____ = 4

8) _____ + 2 = 8

9) 5 − _____ = 2

10) 9 + _____ = 10

11) 3 + 4 = _____

12) _____ − 1 = 4

13) _____ − 3 = 3

14) 3 + 2 = _____

15) 9 − _____ = 7

16) 3 + _____ = 8

17) 3 + _____ = 10

18) 9 − 2 = _____

19) _____ + 3 = 10

20) 7 − 3 = _____

21) _____ − 5 = 3

22) _____ + 1 = 6

23) 5 − _____ = 2

24) _____ + 10 = 10

25) 2 + _____ = 10

26) _____ − 6 = 1

27) _____ − 2 = 3

28) _____ + 1 = 7

29) 7 − _____ = 1

30) _____ − 5 = 0

1) $6 + \underline{\quad} = 8$ 2) $\underline{\quad} - 5 = 4$ 3) $\underline{\quad} + 4 = 5$

4) $6 - 1 = \underline{\quad}$ 5) $6 + \underline{\quad} = 8$ 6) $10 - \underline{\quad} = 1$

7) $8 - \underline{\quad} = 4$ 8) $8 + \underline{\quad} = 9$ 9) $10 + \underline{\quad} = 10$

10) $0 + \underline{\quad} = 9$ 11) $\underline{\quad} - 4 = 5$ 12) $8 - \underline{\quad} = 3$

13) $\underline{\quad} + 4 = 5$ 14) $\underline{\quad} - 1 = 7$ 15) $7 - \underline{\quad} = 2$

16) $\underline{\quad} + 1 = 8$ 17) $6 - \underline{\quad} = 5$ 18) $6 + \underline{\quad} = 10$

19) $6 - \underline{\quad} = 3$ 20) $6 + 3 = \underline{\quad}$ 21) $6 - \underline{\quad} = 4$

22) $5 + \underline{\quad} = 8$ 23) $10 - 3 = \underline{\quad}$ 24) $\underline{\quad} + 0 = 10$

25) $7 + \underline{\quad} = 10$ 26) $\underline{\quad} - 5 = 5$ 27) $\underline{\quad} - 4 = 3$

28) $3 + 8 = \underline{\quad}$ 29) $\underline{\quad} - 8 = 2$ 30) $\underline{\quad} + 3 = 5$

1) _____ − 1 = 5   2) _____ − 2 = 7   3) _____ + 1 = 7

4) _____ + 1 = 8   5) 9 + _____ = 10   6) _____ + 3 = 10

7) 4 − 1 = _____   8) _____ − 8 = 2   9) 7 − _____ = 5

10) 2 + _____ = 10   11) 3 + 3 = _____   12) 7 − 1 = _____

13) _____ − 1 = 1   14) 2 + _____ = 11   15) _____ − 2 = 3

16) 0 + _____ = 10   17) _____ + 9 = 9   18) _____ − 2 = 5

19) 1 + 8 = _____   20) 5 − _____ = 2   21) 1 + 3 = _____

22) 1 + _____ = 2   23) _____ − 7 = 1   24) 10 − _____ = 7

25) _____ + 3 = 6   26) _____ + 2 = 10   27) 9 − _____ = 4

28) 9 − _____ = 0   29) 2 − _____ = 1   30) 4 + 4 = _____

1) 5 + 1 = _____

2) _____ − 2 = 1

3) 6 − _____ = 1

4) _____ + 6 = 7

5) 7 + 2 = _____

6) 6 − _____ = 3

7) 3 + _____ = 9

8) _____ − 0 = 0

9) _____ − 0 = 1

10) 10 + _____ = 10

11) _____ + 8 = 10

12) 6 − _____ = 5

13) 8 − 7 = _____

14) _____ − 1 = 2

15) 3 + _____ = 9

16) _____ + 0 = 9

17) 0 + 7 = _____

18) _____ − 4 = 3

19) 3 + _____ = 9

20) 4 − _____ = 1

21) 5 − 1 = _____

22) 2 + _____ = 9

23) _____ − 4 = 3

24) _____ + 2 = 10

25) 4 + _____ = 9

26) 7 + 1 = _____

27) 3 − 0 = _____

28) _____ − 3 = 2

29) 4 − _____ = 1

30) 3 + _____ = 7

1) ____ + 1 = 10   2) 10 − 1 = ____   3) ____ + 8 = 10

4) 4 − ____ = 1   5) ____ − 2 = 2   6) ____ + 1 = 7

7) 0 + ____ = 3   8) ____ − 3 = 7   9) 2 + ____ = 10

10) 2 + ____ = 8   11) 5 − ____ = 5   12) ____ − 6 = 0

13) 8 − ____ = 7   14) ____ − 5 = 2   15) 1 + 9 = ____

16) ____ + 4 = 9   17) ____ + 2 = 10   18) ____ − 0 = 8

19) ____ − 1 = 5   20) ____ + 9 = 10   21) 3 + 3 = ____

22) ____ + 6 = 8   23) 4 − ____ = 4   24) 7 − ____ = 6

25) 7 − 0 = ____   26) 8 + ____ = 10   27) ____ − 7 = 2

28) ____ + 9 = 10   29) ____ + 5 = 9   30) ____ − 6 = 4

1) _____ − 8 = 0

2) _____ + 8 = 10

3) _____ + 0 = 9

4) 9 − _____ = 2

5) 7 − _____ = 3

6) 6 + _____ = 8

7) 10 − _____ = 2

8) 3 + _____ = 7

9) 5 + _____ = 6

10) 10 − _____ = 7

11) 9 − _____ = 4

12) _____ + 4 = 6

13) 3 + _____ = 6

14) 1 + _____ = 9

15) 5 − _____ = 2

16) _____ − 4 = 4

17) _____ − 0 = 8

18) _____ + 4 = 10

19) 10 + _____ = 10

20) _____ − 5 = 2

21) 7 − _____ = 3

22) 5 + _____ = 8

23) _____ + 8 = 9

24) _____ − 1 = 1

25) 0 + 10 = _____

26) 7 + 2 = _____

27) 9 − 8 = _____

28) _____ − 2 = 1

29) 6 − 2 = _____

30) 1 + _____ = 9

1) 10 – _____ = 2   2) _____ – 9 = 0   3) _____ + 7 = 8

4) 6 + _____ = 10   5) _____ – 3 = 3   6) 6 + 1 = _____

7) 8 – _____ = 4   8) 1 + _____ = 10   9) _____ + 6 = 10

10) 2 + 2 = _____   11) _____ – 0 = 6   12) 8 – _____ = 1

13) 10 – _____ = 6   14) _____ + 7 = 8   15) 6 + 3 = _____

16) 8 – 5 = _____   17) _____ + 2 = 8   18) _____ + 2 = 9

19) 9 – _____ = 7   20) 5 – _____ = 3   21) 4 – _____ = 2

22) 4 + _____ = 7   23) 8 – _____ = 5   24) _____ + 2 = 10

25) _____ + 1 = 11   26) 9 – _____ = 6   27) _____ – 7 = 0

28) _____ + 0 = 10   29) _____ + 3 = 6   30) 8 – _____ = 3